Cozinha Vegetariana

GRANOLAS E BARRINHAS DE CEREAIS

Caroline Bergerot
(Sefira)

Cozinha Vegetariana

GRANOLAS E BARRINHAS DE CEREAIS

EDITORA CULTRIX
São Paulo

Foto da capa:
Paulo Gustavo Bergerot

Para contatos com a autora:
Caixa Postal 22902 CEP: 74916-970 GO

Edição	Ano
1-2-3-4-5-6-7-8	03-04-05-06-07-08

EDITORA PENSAMENTO-CULTRIX LTDA.
Rua Dr. Mário Vicente, 368 — 04270-000 — São Paulo, SP
Fone: 272-1399 — Fax: 272-4770
E-MAIL: pensamento@cultrix.com.br
http://www.pensamento-cultrix.com.br

Impresso em nossas oficinas gráficas.

CONVERSA INICIAL

Apreciadas por muitas pessoas, vegetarianas ou não, as granolas e as barrinhas de cereais vêm ganhando cada vez mais "popularidade". Além de serem muito saborosas, são também bastante práticas, pois restituem rapidamente ao organismo os variados nutrientes de que ele necessita.

Utilizamos no preparo das barrinhas e das granolas vários tipos de ingredientes, procurando atender a todos os gostos e proporcionar um alimento equilibrado e saudável. Quanto maior a variedade dos ingredientes e das combinações, mais ricos e completos serão os alimentos, que suprirão melhor as necessidades diárias do nosso corpo.

Pode ser mais prático comprar granolas e barrinhas já prontas e embaladas. No entanto, quem opta por produtos mais ricos e naturais busca não somente uma alimentação mais saudável, mas uma qualidade de vida melhor. Será que não é mais gostoso – e mais simpático – ter um pote grande e bonito de vidro, com nossa própria granola, preparada com ingredientes escolhidos por nós? Não é melhor ter sempre à mão barrinhas caseiras, fresquinhas, para servir aos amigos ou levar ao trabalho, à faculdade ou nas viagens?

O alimento preparado em casa tem um sabor todo especial. Mas saiba que é preciso estar atento aos pensamentos e sentimentos que cultivamos ao preparar um prato, pois eles alteram, e muito, seu sabor, qualidade e aparência. Existem certos ingredientes sutis que, embora invisíveis, fazem parte de qualquer alimento que seja preparado com amor e cuidado.

Sem conservantes e aromatizantes artificiais e por não sofrer um processo de industrialização, é certo que as granolas e as barrinhas feitas em casa são um petisco bem mais natural e saudável!

Não devemos confundir falta de conhecimento com falta de tempo! Para os que ainda não descobriram o enorme prazer e benefício que nos pode proporcionar a arte da culinária, sugerimos combinar com os amigos um programa diferente: pôr "as mãos na massa" e preparar um lanche saboroso. Com muitas frutas para acompanhar a "tarde da granola" e com muita alegria, podemos descobrir que existem formas originais de encarar a cozinha e de aproveitar os bons momentos com as pessoas que amamos.

DICAS

Apresentamos várias formas de preparação das receitas. No caso das granolas e das barrinhas, é muito difícil que uma receita "dê errado", mesmo que você não tenha muito "jeito" para a culinária. Considere que nenhuma das receitas foi feita exclusivamente para os vegetarianos. Elas agradam a qualquer paladar.

De fácil elaboração, as granolas e as barrinhas podem ser preparadas numa quantidade que dê para a semana inteira ou até para mais tempo. Sugerimos conservar as barrinhas embaladas em filme plástico e as granolas num pote de vidro bem bonito. Prepare as receitas mais rápidas quando estiver com pressa e deixe as mais elaboradas para quando tiver mais tempo. É importante que você reserve sempre um tempinho para preparar seus alimentos!

Antes de iniciarmos as receitas, temos algumas dicas básicas que poderão auxiliar o preparo:

- Evite torrar demais as farinhas, as nozes e as castanhas, tanto no forno quanto na panela. Além de não deixá-las saborosas, isso pode alterar algumas de suas propriedades;
- Use, sempre que possível, o sal marinho, pois é mais nutritivo;

- Para mexer ou misturar os ingredientes, utilize a colher de pau, principalmente quando cozinhar em panelas de alumínio, que podem soltar resíduos nocivos à saúde;
- Use sua criatividade e sirva a granola com todos os tipos de fruta fresca, principalmente com frutas da estação, que poderão ser servidas inteiras ou em fatias. Também pode-se servir a granola com frutas em conserva e compotas;
- Se usar frutas secas na execução das receitas, evite levá-las ao fogo ou ao forno, pois queimam e ficam amargas;
- Caso a granola não tenha ficado muito crocante, basta espalhá-la novamente numa assadeira e deixar por mais 5 minutos no forno quente; depois vá mexendo até esfriar. Em seguida, coloque a granola num pote bem tampado, para que ela continue crocante;
- Quanto às barrinhas, se ficarem muito macias, coloque-as numa assadeira e leve-as ao forno por 15 minutos, para que atinjam um ponto mais crocante;
- Se se formarem grandes "grumos" na granola, pela falta de regularidade ao mexê-la, basta "quebrar" esses grumos com as mãos limpas, até que se soltem;
- Evite colocar frutas frescas nas granolas ou nas barrinhas, pois isso limita o tempo de conservação. Utilize-as apenas se a quantidade de

granola for pequena o suficiente para ser consumida no mesmo dia;

- Para adoçar, sempre que possível opte pelo melado de cana, pois é rico em ferro;
- A glucose (ou glicose) de milho é também um bom adoçante, pois não altera tanto o sabor quanto o melado de cana;
- Lembre-se de servir as granolas sobre frutas amassadas, creme de abacate, saladas de frutas, sorvetes, iogurtes e também no preparo de outras sobremesas como pudins, manjares ou doces cremosos.

Bom apetite!

Índice das Receitas

Barrinhas:

Granolas:

BARRINHAS DE CEREAIS

BARRINHA COM AMÊNDOAS

- 1 xícara de amêndoas laminadas
- 1/2 xícara de flocos de aveia
- 1/2 xícara de germe de trigo
- 1/2 xícara de coco ralado
- 2 colheres de sopa de uvas passas sem sementes
- 1/3 de xícara de maçã seca picadinha
- 5 colheres de sopa de açúcar mascavo
- 4 colheres de sopa de xarope de *maple* (encontrado em empórios e lojas importadoras)
- 4 colheres de sopa de óleo ou margarina vegetal de milho
- 1 colher de sobremesa de casca de limão ralada

Em uma panela, coloque o açúcar mascavo, o xarope de *maple*, o óleo ou margarina vegetal de milho e a casca de limão. Leve ao fogo alto e assim que estiver bem misturado adicione os demais ingredientes. Misture bem com uma colher de pau, retire do fogo e vire em uma assadeira forrada com papel-manteiga.

Leve a assadeira ao forno pré-aquecido. Mantenha a temperatura média e deixe por 30 minutos, ou até estar levemente dourado.

Ao retirar do forno, corte as barrinhas e, ao esfriar, retire-as com uma espátula.

BARRINHA COM AMENDOIM

- 1 xícara de amendoins descascados (sem a pele vermelha)
- 1 xícara de aveia em flocos
- 2 colheres de sopa de uvas passas claras, sem sementes
- 1/2 xícara de mel de uva (ou melado de cana)
- 1/2 xícara de glicose de milho
- 2 colheres de sopa de óleo ou margarina vegetal

Triture no liquidificador 1/2 xícara dos amendoins e reserve. A outra 1/2 xícara coloque dentro de um pano de prato limpo e bata com um martelinho de cozinha para que fiquem em pedacinhos.

Coloque o mel de uvas, a glicose de milho e o óleo ou margarina vegetal em uma panela e leve-a ao fogo alto até se misturarem.

Junte todos os outros ingredientes e misture com uma colher de pau, retire do fogo e vire tudo em uma assadeira forrada com papel-manteiga e leve ao forno, pré-aquecido, por 40 minutos, ou até começar a ficar dourado.

Assim que retirar do forno, corte as barrinhas e, ao esfriar bem, retire-as com cuidado.

BARRINHA COM AVELÃS E CASTANHAS

- 1/2 xícara de avelãs picadas
- 1/2 xícara de castanhas-do-pará picadas
- 1/2 xícara de farelo de trigo
- 3 colheres de sopa de aveia em flocos
- 3 colheres de sopa de gergelim
- 2 colheres de sopa de açúcar mascavo
- 3 colheres de sopa de glicose de milho
- 3 colheres de sopa de óleo ou margarina vegetal de girassol

Coloque em uma panela o açúcar mascavo, a glicose de milho e o óleo ou margarina vegetal de girassol e leve ao fogo alto. Mexa sempre, até que se misturem bem. Adicione os ingredientes restantes, misture com uma colher de pau e retire do fogo.

Vire sobre uma assadeira forrada com papel-manteiga e leve ao forno pré-aquecido. Deixe em temperatura média por 25 minutos, ou até começar a dourar.

Retire a assadeira do forno, corte as barrinhas e espere esfriar para então retirar uma a uma.

Embale-as ou mantenha-as guardadas em um pote bem vedado.

BARRINHA COM CASTANHA-DO-PARÁ

- 1/3 de xícara de aveia em flocos grandes
- 1/3 de xícara de germe de trigo
- 12 castanhas-do-pará descascadas
- 1 colher de sopa de óleo ou margarina vegetal
- 4 colheres de sopa de glicose de milho
- 1/2 xícara de flocos de arroz e chocolate

Derreta a glicose de milho junto com o óleo ou margarina vegetal e assim que estiverem bem quentes adicione os demais ingredientes.

Mexa com uma colher de pau e espalhe a mistura em um pirex pequeno.

Enquanto estiver morno, corte com uma faca afiada e depois que esfriar retire as barrinhas com o auxílio de uma espátula. Você pode embrulhar cada barrinha em filme plástico ou papel-celofane para facilitar o transporte no dia-a-dia ou deixá-las em um pote atraente, sempre bem tampado.

BARRINHA COM CHOCOLATE E FIGO

- 1/2 xícara de aveia
- 2 colheres de sopa de germe de trigo
- 1/2 xícara de flocos crocantes de arroz ou flocos crocantes de chocolate
- 1/2 xícara de castanhas de caju picadinhas
- 1/2 xícara de castanhas-do-pará trituradas (coloque-as descascadas dentro de um pano de prato limpo e bata com um martelinho de cozinha)
- 1/2 xícara de figo seco cortado em pedaços bem pequenos
- 3 colheres de sopa de açúcar mascavo
- 3 colheres de sopa de mel
- 3 colheres de sopa de melado de cana
- 4 colheres de sopa de óleo ou margarina vegetal de milho
- 1 barra de chocolate amargo sem leite

Em uma panela, coloque o açúcar mascavo, o mel, o melado de cana e o óleo ou margarina vegetal de milho. Leve ao fogo alto e mexa com uma colher de pau. Assim que estiverem bem misturados, adicione os demais ingredientes e misture bem. Retire do fogo em seguida e espalhe sobre uma assadeira forrada com papel-manteiga e leve ao forno pré-aquecido.

Deixe em forno médio por 25 minutos, ou até estar levemente dourado.

Separadamente rale o chocolate e, ao retirar a assadeira do forno, espalhe-o por cima, com o auxílio de uma espátula.

Corte as barrinhas ainda quentes com uma faca sem serra e untada. Espere esfriar completamente para retirar as barrinhas da assadeira.

Para o chocolate endurecer mais depressa pode-se colocar a assadeira (depois que estiver fria) na geladeira por algum tempo.

BARRINHA COM COCO

- 1/2 xícara de castanhas-do-pará
- 1 xícara de coco ralado
- 1/2 xícara de flocos grandes de aveia
- 2 colheres de sopa de uvas passas escuras sem sementes
- 1/2 xícara de glicose de milho
- 1 pitada de sal marinho
- 1 colher de chá de óleo ou margarina vegetal de canola ou margarina vegetal

Sobre uma tábua de cozinha limpa e seca, corte as castanhas-do-pará com uma faca grande, sem serra e afiada, deixando-as em pedaços pequenos.

Coloque as castanhas picadas em uma panela larga, juntamente com a aveia em flocos, o coco ralado e a pitada de sal, levando ao fogo alto, mexendo sempre com uma colher de pau.

Assim que começarem a ficar ligeiramente dourados, retire a panela do fogo e continue mexendo até que a panela esfrie, para evitar que uma parte se torne mais escura e mais amarga.

Em outra panela, coloque o óleo ou margarina vegetal de canola junto com a glicose de milho e leve ao fogo para que derretam. Mexa com uma colher de pau até estar bem líquido.

Transfira então a glicose derretida à outra panela que está com as castanhas, o coco e a aveia. Junte as passinhas e mexa até ficar homogêneo.

Espalhe tudo sobre uma assadeira forrada com papel-manteiga. Quando estiver morno, corte com uma faca afiada dando formato às barrinhas. Após esfriar, retire com o auxílio de uma espátula.

Você pode embrulhar cada barrinha em papel-celofane ou filme plástico, ou simplesmente guardá-las em um pote bonito, que tenha boa vedação para não ficarem murchas.

BARRINHA COM CREME DE DAMASCO

Para a barrinha:

- 1 xícara de aveia laminada
- 3 colheres de sopa de germe de trigo
- 2 colheres de sopa de farinha de soja
- 1/2 xícara de noz macadâmia picada
- 1 pitada de sal marinho
- 5 colheres de sopa de mel de uva (encontrado em empórios sírios)
- 2 colheres de sopa de glicose de milho
- 1 colher de chá de óleo ou margarina vegetal de milho

Para o creme de damascos:

- 2 xícaras de damascos secos picados
- 1/2 xícara de açúcar

Para a cobertura:

- 1 barra de chocolate amargo sem leite
- 1 xícara de cereal de milho

Em uma panela larga, coloque a aveia, o germe de trigo, a farinha de soja, a macadâmia picada e a pitada de sal. Leve-a ao fogo alto e, sem parar de mexer com uma colher de pau, mantenha por 10 minutos aproximadamente, ou até que comece a dourar. Adicione o mel de uva, a glicose e o óleo ou margarina vegetal. Mexa bastante e mantenha o fogo alto. Espere que a glicose e o mel derretam com o calor, e isso leva cerca de 6 minutos. Espalhe tudo sobre uma assadeira forrada com papel-manteiga e nivele com uma espátula, cortando com uma faca sem serra ou com um cortador de pizzas.

Pique os damascos secos e coloque em uma panela com 1/2 de xícara de água. Leve ao fogo alto com a panela semitampada. Quando a água secar adicione o açúcar. Mantenha a panela semitampada e mexa de vez em quando, com uma colher de pau, até formar um creme. Espalhe este creme sobre as barrinhas, já cortadas, ainda na assadeira.

Em uma panelinha separada, derreta o chocolate picado, sem adicionar água, e ainda morno espalhe sobre o creme de damascos, de forma a cobrir por inteiro.

Assim que estiver morno, coloque na geladeira para esfriar e endurecer por completo.

BARRINHA COM MAÇÃ SECA

- 1 colher de sopa de coco ralado bem fino
- 2 colheres de sopa de fatias de maçã seca
- 1 colher de sopa de óleo ou margarina vegetal
- 2 colheres de sopa de glicose de milho
- 3 colheres de sopa de flocos crocantes de arroz
- 3 colheres de sopa de aveia em flocos grandes

Coloque em uma panela grande a glicose de milho e o óleo ou margarina vegetal e aqueça até ficarem bem líquidos.

Adicione os demais ingredientes, mexa bem com uma colher de pau e retire a panela do fogo.

Enquanto quente espalhe em um pirex, deixando a superfície bem lisa, e assim que estiver morno corte as barrinhas em retângulos, ou no formato que achar mais interessante.

Guarde as barrinhas embaladas uma a uma ou dentro de um vidro bem tampado para que permaneçam frescas e crocantes.

BARRINHA COM MEL

- 1/2 xícara de amêndoas laminadas
- 1/2 xícara de aveia em flocos
- 1/2 xícara de flocos crocantes de arroz
- 3 colheres de sopa de banana seca picada em pedaços bem pequenos
- 3 colheres de sopa de mel
- 5 colheres de sopa de glicose de milho
- 1 colher de chá de óleo ou margarina vegetal

Em uma panela larga, torre as amêndoas e a aveia. Mantenha o fogo alto e mexa com uma colher de pau. Quando começar a dourar desligue o fogo.

Em outra panela, derreta o mel e a glicose de milho, adicionando a colher de óleo ou margarina vegetal. Quando estiver quente, acrescente o conteúdo torrado da outra panela e também os flocos de arroz e a banana seca picada. Mantenha o fogo alto e mexa por aproximadamente 5 minutos.

Vire sobre uma assadeira forrada com papel-manteiga e espalhe com uma espátula. Quando estiver morno, corte com um cortador de pizza. Espere esfriar bem para retirar as barrinhas, e guardá-las em um vidro ou então embrulhá-las individualmente, como bombons.

BARRINHA COM SEMENTE DE GIRASSOL

- 1 xícara de flocos crocantes de arroz
- 1/2 xícara de castanhas-do-pará bem picadinhas
- 1/2 xícara de amêndoas laminadas
- 2 colheres de sopa de aveia
- 5 colheres de sopa de sementes de girassol descascadas e picadas
- 3 colheres de sopa de açúcar mascavo
- 4 colheres de sopa de mel ou glicose de milho
- 3 colheres de sopa de óleo ou margarina vegetal

Misture o óleo ou margarina vegetal com o açúcar e o mel (ou a glicose) e leve ao fogo alto até ferver. Apague o fogo, misture os demais ingredientes, mexendo bem com uma colher de pau.

Despeje em uma assadeira forrada com papel-manteiga e leve ao forno pré-aquecido. Deixe em temperatura média por aproximadamente 35 minutos, ou até começar a ficar dourado.

Corte as barrinhas assim que retirar a assadeira do forno. Ao esfriar mantenha-as guardadas em um pote bem vedado para permanecer crocante.

BARRINHA COM TÂMARA E NOZ-PECÃ

- 4 colheres de sopa de aveia em flocos grandes
- 3 colheres de sopa de germe de trigo
- 1 xícara de nozes-pecã picadas
- 1/2 xícara de tâmaras secas picadas
- 1 xícara de flocos crocantes de arroz
- 4 colheres de sopa de açúcar mascavo
- 4 colheres de sopa de mel
- 1 colher de chá de óleo ou margarina vegetal

Em uma panela larga, toste a aveia, o germe de trigo e as nozes. Quando começarem a dourar adicione o açúcar mascavo, o mel e o óleo ou margarina vegetal. Mexa com uma colher de pau para que fique homogêneo e mantenha o fogo alto, juntando por fim os flocos de arroz e a tâmara.

Retire do fogo e coloque em uma assadeira grande, forrada com papel-manteiga, espalhando com o auxílio de uma espátula. Leve ao forno alto por 5 minutos. Ao retirar, dê formato às barrinhas e, ao esfriar, retire-as da assadeira. Conserve-as em pote bem vedado para permanecer crocantes.

BARRINHA DE AMEIXAS SECAS

- 1/2 xícara de castanhas de caju picadinhas
- 1/2 xícara de nozes-pecã picadinhas
- 2 colheres de sopa de germe de trigo
- 2 colheres de sopa de gergelim
- 1 colher de sopa de aveia em flocos grossos
- 1 colher de sopa de farelo de trigo
- 1 pitada de sal marinho
- 1/2 xícara de ameixas secas picadas em pedaços bem pequenos
- 1/2 xícara de melado de cana
- 1 colher de chá de óleo ou margarina vegetal de soja
- 1 colher de sopa de sementes de papoula
- mel ou glicose de milho

Coloque em uma panela larga as castanhas de caju, a noz-pecã, o germe de trigo, o gergelim, a aveia em flocos, o farelo de trigo e o sal. Leve-a ao fogo alto, mexendo sempre com uma colher de pau. Assim que começar a dourar, adicione o melado de cana, o óleo ou margarina vegetal e a ameixa seca picada. Permaneça mexendo com a colher de pau e o fogo alto até dar ponto, cerca de 7 minutos.

Espalhe sobre uma assadeira forrada com papel-manteiga untada com óleo ou margarina vegetal e nivele com uma espátula.

Com uma faca sem serra ou um cortador de pizza, corte as barrinhas, com a massa ainda morna. Espalhe o mel, ou a glicose de milho sobre as barrinhas e em seguida salpique as sementes de papoula.

Leve a assadeira ao forno em temperatura média/alta, por no máximo 10 minutos.

Ao retirar do forno, espere que esfrie para soltar cada barrinha e guardá-las, seja embrulhando-as uma a uma, ou colocando-as em um pote bem bonito.

BARRINHA DE BANANA

- 6 colheres de sopa de aveia em flocos
- 1/2 xícara de avelãs descascadas e picadas
- 1/2 xícara de banana passa picada em pedaços bem pequenos
- 4 colheres de sopa de óleo ou margarina vegetal de milho
- 6 colheres de sopa de açúcar mascavo
- 3 colheres de sopa de xarope de *maple* (encontrado em empórios e lojas importadoras)
- 1 colher de sopa de mel

Coloque em uma panela o óleo ou margarina vegetal, o açúcar mascavo, o xarope de *maple* e o mel. Leve ao fogo alto e, assim que estiverem bem misturados, adicione os demais ingredientes. Retire a panela do fogo, vire todo o conteúdo em uma assadeira forrada com papel-manteiga.

Leve ao forno pré-aquecido e deixe por 30 minutos em temperatura média.

Ao retirar do forno, corte as barrinhas, mas espere esfriar para retirá-las da assadeira.

BARRINHA DE CASTANHA-DO-PARÁ E CHOCOLATE

- 2 xícaras de castanhas-do-pará picadas
- 2 colheres de sopa de germe de trigo
- 2 colheres de sopa de aveia em flocos grossos
- 2 colheres de sopa de fibra de soja
- 4 colheres de sopa de damascos secos, bem picados
- 1 colher de chá de óleo ou margarina vegetal de soja
- 1 colher de sopa de uvas passas escuras e sem sementes
- 1 xícara de flocos de arroz crocante
- 3 colheres de sopa de açúcar mascavo
- 5 colheres de sopa de xarope de *maple* (encontrado em empórios e lojas importadoras)
- 1 barra de chocolate amargo, sem leite

Coloque no liquidificador bem seco 1 xícara de castanhas-do-pará e triture, sem adicionar água. Coloque sobre uma tábua de cozinha as castanhas-do-pará restantes e corte-as com uma faca, para que fiquem pequenos pedaços.

Em uma panela grande coloque toda a castanha-do-pará, tanto a triturada como a picada. Leve ao fogo alto e deixe por 10 minutos aproximadamente, sem parar de mexer com uma colher de pau grande. Adicione então o germe de trigo, a aveia e a fibra de soja e deixe dar uma tostada por mais 5 minutos e então retire do fogo.

Em outra panela, coloque o óleo ou margarina vegetal de soja, o açúcar mascavo e o xarope de *maple*. Assim que estiver bem derretido e amolecido, adicione o conteúdo da primeira panela e também as uvas passas, o damasco e os flocos de arroz. Após estar bem homogêneo, retire a panela do fogo e vire todo o conteúdo em uma assadeira forrada com papel-manteiga e espalhe com o auxílio de uma espátula. Com uma faca sem serra, ou com um cortador de pizzas, façás os cortes formando as barrinhas enquanto ainda estiver morno.

Coloque o chocolate picado dentro de um pirex pequeno e fundo. Acondicione esse pirex dentro de uma panela grande, cheia de água (tomando cuidado para não entrar água dentro do pirex). Leve ao fogo brando, mexendo de vez em quando o chocolate, até derreter.

Despeje todo o chocolate sobre as barrinhas. Assim que estiver morno, coloque a assadeira na geladeira para endurecer mais rápido.

Embrulhe as barrinhas individualmente ou conserve-as em um pote bem vedado.

BARRINHA DE CHOCOLATE COM NOZ

- 1 xícara de aveia laminada
- 1/2 xícara de amêndoas laminadas
- 3 colheres de sopa de fibra de trigo
- 1 pitada de sal marinho
- 1 colher de sopa de casca de laranja ralada
- 6 colheres de sopa de glicose de milho
- 3 colheres de sopa de melado de cana
- 1 barra de chocolate amargo em barra, sem leite
- 1 e 1/2 xícara de nozes descascadas e picadas

Coloque em uma panela grande a aveia, as amêndoas, a fibra de trigo e o sal. Leve-a ao fogo alto e mexa com uma colher de pau. Assim que começar a estalar e a ficar dourado, adicione a casca de laranja ralada, a glicose de milho e o melado. Mexa por 5 minutos. Vire todo o conteúdo sobre uma assadeira forrada com papel-manteiga espalhando por igual com o auxílio de uma espátula.

Em outra panela coloque o chocolate picado e leve ao fogo brando até derreter. Junte as nozes e vire sobre as barrinhas, já cortadas, ainda na assadeira. Leve à geladeira para que endureçam.

BARRINHA DE GERGELIM E COCO

- 1 xícara de gergelim
- 1 xícara de coco fresco ralado
- 1/2 xícara de glicose de milho
- 1/2 xícara de mel

Em uma panela larga, doure o gergelim e o coco, mexendo sem parar, com uma colher de pau.

Adicione o mel e a glicose à panela e mexa por 5 minutos, mantendo o fogo alto.

Vire tudo em uma assadeira seca e pressione utilizando uma espátula ou algo parecido. Nivele a altura com uma faca.

Observe se está sendo bem prensado para que a barrinha fique firme.

Assim que esfriar, corte as barrinhas e embrulhe-as uma a uma.

BARRINHA FÁCIL DE CASTANHA-DO-PARÁ

- 4 colheres de sopa de aveia em flocos grossos
- 2 colheres de sopa de aveia em flocos finos
- 10 castanhas-do-pará descascadas
- 4 colheres de sopa de coco ralado já adocicado
- 1 pitada de sal
- 4 colheres de sopa de xarope de *maple* (encontrado em empórios e lojas importadoras)
- 2 colheres de sopa de melado de cana
- 1 colher de chá de óleo ou margarina vegetal

Em cima de uma tábua, com uma faca bem afiada, corte as castanhas em tamanhos pequenos.

Coloque as aveias, as castanhas, o coco e o sal em uma panela grande e deixe em fogo alto até que a aveia fique levemente dourada.

Adicione o xarope, as duas colheres de sopa de melado e o óleo ou margarina vegetal. Mexa bem, desligue o fogo e espalhe o conteúdo da panela em uma assadeira forrada com papel-manteiga. Ainda morno, corte as barrinhas com uma faca sem serra e, quando esfriarem, embale-as ou conserve-as em um pote bem tampado.

BARRINHA RÁPIDA COM GRANOLA

- 3 xícaras de granola pronta (aproveite, inclusive, uma granola que esteja meio murcha)
- 6 colheres de sopa de açúcar mascavo
- 4 colheres de sopa de mel ou glicose de milho
- 2 colheres de sopa de óleo ou margarina vegetal
- 1 colher de café de canela em pó
- 1 pitada de cravo em pó
- 1 pitada de noz-moscada ralada

Misture todos os ingredientes em uma tigela, de modo a ficar bem homogêneo.

Arrume em uma assadeira forrada com papel-manteiga e leve ao forno pré-aquecido. Deixe em temperatura média por aproximadamente 35 minutos, ou até começar a ficar dourado.

Corte as barrinhas assim que retirar a assadeira do forno. Ao esfriar, retire-as mantendo-as guardadas em um pote bem vedado para permanecerem crocantes.

RODELINHAS PRESTÍGIO

- 2 xícaras de coco fresco ralado
- 1 colher de sopa de germe de trigo
- 1/2 xícara de glicose de milho
- 1 e 1/2 barra de chocolate amargo, sem leite
- 1 colher de sopa de fibra de soja

Coloque a glicose de milho em uma panela e leve-a ao fogo alto até que derreta.

Rale o coco bem fino e junte-o à panela com a glicose derretida. Mexa com colher de pau e mantenha o fogo alto até que o coco esteja levemente cozido e o doce apurado. Adicione então o germe de trigo e a fibra de soja, mexendo por mais 5 minutos. Retire a panela do fogo.

Espalhe o doce sobre uma assadeira forrada com papel-manteiga ou sobre uma pedra limpa e seca, nivelando-o com uma espátula. Ainda morno, corte em rodelas com o auxílio de um copo de boca pequena. Espere que esfriem por completo.

Separadamente derreta o chocolate amargo em fogo baixo. Apague o fogo e mergulhe cada rodelinha no chocolate. Retire-as com a ajuda de dois garfos, ou pinça de salada, e vá colocando em um prato grande, já untado com óleo. Leve as rodelinhas à geladeira para que o chocolate endureça.

GRANOLAS

GRANOLA COM ABACAXI SECO

- 1 xícara de farinha de mandioca do tipo biju
- 1 xícara de coco fresco ralado (ou o equivalente a 1 saquinho de coco seco)
- 1/2 xícara de amêndoas laminadas
- 1 xícara de abacaxi desidratado, bem picadinho
- 5 colheres de sopa de frutose em pó
- 2 colheres de sopa de melado de cana
- 1 pitada de sal

Coloque em uma panela larga, em fogo alto, a farinha de mandioca, o sal, o coco fresco ralado e as amêndoas laminadas.

Mexa com uma colher de pau até que comece a dourar. Adicione o melado de cana e mexa por mais 5 minutos.

Retire a panela do fogo e continue mexendo até que esfrie por completo. Junte os demais ingredientes, misture bem e guarde em vidro bem tampado.

GRANOLA COM AMEIXA SECA

- 1 xícara de nozes-pecã descascadas
- 1 xícara de flocos de coco adocicado, ou a mesma medida de coco fresco ralado
- 1/2 xícara de castanhas-do-pará
- 5 colheres de sopa de farinha de soja
- 3 colheres de sopa de aveia em flocos finos
- 1/2 xícara de fibra de trigo
- 5 colheres de sopa de melado de cana
- 1 xícara de ameixas secas
- 1/2 xícara de açúcar mascavo
- 4 colheres de sopa de frutose em pó
- 1 pitada de cravo em pó
- 1 pitada de sal marinho

Pique as nozes-pecã sobre uma tábua de cozinha, com uma faca grande e sem serra, e coloque-as em uma assadeira.

Coloque as castanhas-do-pará dentro do liquidificador bem seco e bata, sem adicionar água, para que se transforme em uma espécie de farinha.

Em uma tigela, misture a farinha de soja com a "farinha" de castanha-do-pará, a aveia em flocos e o coco. Coloque essa mistura em uma outra assadeira grande. Leve as duas assadeiras ao forno pré-aquecido, e mantenha a temperatura média. Mexa as duas assadeiras, com uma colher de pau comprida, de forma que toste por igual. Assim que começar a dourar, retire as assadeiras do forno. Mesmo depois de fora do forno continue mexendo o conteúdo das duas assadeiras, pois a assadeira ainda quente pode queimar a granola, dando-lhe um sabor levemente amargo.

Em uma frigideira, coloque a fibra de trigo. Leve-a ao fogo alto e mexa sem parar, com uma colher de pau. Assim que começar a dourar, adicione o melado de cana, ainda sem parar de mexer, e mantenha o fogo alto por mais 5 minutos, despejando em uma vasilha seca para que esfrie. Assim que todos os ingredientes estiverem frios, misture tudo, acrescentando inclusive a ameixa seca picadinha, o açúcar mascavo e a frutose em pó, o cravo e o sal.

Guarde a granola em um vidro com boa vedação para que a granola permaneça fresca

GRANOLA COM AMENDOIM

- 1/2 xícara de aveia em flocos finos
- 1/2 xícara de aveia em flocos grossos
- 2 colheres de sopa de germe de trigo
- 1 pitada de sal marinho
- 1/2 xícara de melado de cana
- 1 e 1/2 xícara de amendoins descascados
- 1/2 xícara de maçã seca picadinha
- 1/2 xícara de figo seco picadinho
- 1/2 xícara de flocos crocantes de arroz

Em uma panela grande, coloque a aveia em flocos finos e a aveia em flocos grossos, o germe de trigo e uma pitada de sal marinho. Leve-a ao fogo alto e não deixe de mexer a cada 3 minutos.

Assim que começar a dourar, despeje o melado de cana e mexa por mais 7 minutos, ainda em fogo alto. Retire do fogo e coloque todo o conteúdo em uma assadeira. Leve ao forno já aquecido e deixe por apenas 5 minutos. Retire do forno e aguarde que esfrie, mexendo sempre.

Em outra assadeira coloque todo o amendoim e leve-a ao forno. Mexa de vez em quando, e assim que estiver levemente dourado, retire-o do forno.

Com as mãos limpas, esfregue os amendoins para retirar as películas. Assim que esfriar, bata no liquidificador bem seco 1 xícara inteira do amendoim torrado, de forma a virar uma farinha. A meia xícara restante coloque dentro de um pano de prato limpo e bata com um martelinho de cozinha para triturar em pequenos pedaços.

Em uma tigela junte a mistura de aveia torrada, a farinha de amendoim, o amendoim triturado, a maçã seca picadinha, os figos secos, também picadinhos, e os flocos de arroz.

Guarde a granola em um vidro bem tampado para que não perca o crocante.

GRANOLA COM BANANA SECA

- 1 xícara de aveia em flocos
- 1/2 xícara de castanhas-do-pará descascadas
- 1/2 xícara de coco fresco cortado em quadradinhos
- 1 xícara de flocos de milho matinal
- 1 pitada de canela em pó
- 1 pitada de cravo em pó (caso não tenha disponível o cravo em pó, coloque um punhado de cravos inteiros no liquidificador bem seco, triture e depois passe por uma peneira fina.)
- 1 xícara de banana seca picadinha
- 1/2 xícara de frutose (pó)
- 1 pitada de sal marinho

Com um faca grande e sem serra, sobre uma tábua de cozinha, corte as castanhas-do-pará em pequenos pedaços. Passe o coco por uma máquina de picar de forma que fique em pequenos quadrados (ou corte à mão mesmo, da mesma forma que as castanhas-do-pará).

Em uma assadeira grande, coloque a aveia, a castanha-do-pará, o coco e a pitada de sal. Misture bem com uma colher de pau e leve ao forno já quente.

Mantenha a temperatura do forno média e mexa com a colher de pau de 5 em 5 minutos, até que comece a dourar e o coco esteja seco e crocante.

Ao retirar do forno, vire a granola em uma tigela e espere que esfrie completamente, ainda mexendo de vez em quando.

Junte à granola os flocos de milho, a canela e o cravo em pó, a banana seca bem picadinha, a frutose em pó e misture bastante para que fique bem homogêneo.

Mantenha a granola guardada em um vidro bem vedado para que permaneça crocante.

GRANOLA COM CASTANHA-DO-PARÁ

- 3 xícaras de castanhas-do-pará picadas
- 2 xícaras de coco ralado
- 1/2 xícara de aveia em flocos grossos
- 2 colheres de sopa de germe de trigo
- 2 pitadas de sal marinho
- 1 xícara mal cheia de frutose em pó ou açúcar mascavo
- 3 colheres de sopa de banana passa bem picadinha
- 3 colheres de sopa de uvas passas escuras, sem sementes
- 1/2 xícara de flocos crocantes de milho
- 1 xícara de avelã
- 1/2 xícara de açúcar mascavo ou melado de cana

Bata no liquidificador seco as castanhas-do-pará, uma xícara por vez, até tornar-se uma farinha. Coloque em uma tigela e junte o coco ralado, a aveia em flocos, o germe de trigo e uma pitada sal. Mexa bem e espalhe sobre uma assadeira grande forrada com papel-manteiga. Leve-a ao forno pré-aquecido e mantenha-o em temperatura média.

Mexa a cada 6 minutos, com uma colher comprida e com cuidado para não se queimar!

Assim que começar a dourar, cerca de 20 minutos aproximadamente, retire a assadeira do forno e vire todo o conteúdo em uma tigela que não seja de plástico, pois estará muito quente.

Coloque as avelãs dentro de um saco de pano e bata com um martelinho de cozinha de modo que fiquem pedacinhos pequenos. Vá batendo aos poucos e verificando para não deixar a avelã desmanchada.

Coloque o açúcar mascavo em uma frigideira seca, leve-a ao fogo alto e aguarde que derreta. Mexa com uma colher de pau para espalhar bem pela frigideira. Assim que começar a formar uma calda adicione as avelãs picadas e uma pitada de sal. Mexa sem parar e mantenha o fogo alto até as avelãs ficarem sequinhas. Retire a frigideira do fogo, mexa por mais uns 5 minutos e espere esfriar.

Misture essa granola com as farinhas, a frutose em pó (ou açúcar mascavo), a banana e a uva passa sem sementes, os flocos de milho e, por fim, as avelãs adocicadas.

Misture a granola para que fique homogênea e guarde em um vidro grande, bem tampado.

GRANOLA COM CHOCOLATE

- 1 xícara de aveia em flocos
- 1 xícara de castanhas-do-pará picadinhas com uma faca grande e sem serra
- 1 xícara de flocos de milho
- 1/2 xícara de passinhas sem sementes
- 1/2 xícara de chocolate amargo picado em quadradinhos pequenos (ou ralado grosso)
- 1 xícara de melado de cana

Coloque a aveia e as castanhas-do-pará em uma panela larga e leve-a ao fogo alto, mexendo sem parar, com uma colher de pau, até que comece a ficar dourado.

Adicione os flocos de milho e o melado de cana e mexa bem por mais 5 minutos. Retire do fogo e espalhe em uma assadeira. Assim que esfriar completamente, desgrude os grumos com as mãos. Caso não esteja crocante leve a assadeira ao forno por mais 5 minutos e espere esfriar novamente.

Depois de frio, junte os quadradinhos de chocolate e misture delicadamente.

Guarde a granola em um vidro bem tampado.

GRANOLA COM DAMASCO SECO

- 1/2 xícara de castanhas-do-pará
- 1/2 xícara de nozes macadâmia
- 2 xícaras de aveia em flocos grossos
- 1 xícara de germe de trigo
- 4 colheres de sopa de xarope *maple* (importado)
- 3 colheres de sopa de glicose de milho
- 1 xícara de gergelim
- 5 colheres de sopa de açúcar mascavo
- 1 xícara de flocos crocantes de arroz
- 1 xícara de damasco seco picadinho
- 2 pitadas de sal marinho

Corte em pequenos pedaços a castanha-do-pará e a noz macadâmia, sobre uma tábua de cozinha e com o auxílio de uma faca grande e sem serra.

Coloque em uma panela grande, larga, e junte a aveia em flocos, o germe de trigo e uma pitada de sal. Leve ao fogo alto e, sem parar de mexer, espere começar a dourar. Adicione então o xarope de *maple* e a glicose de milho. Continue a mexer e mantenha o fogo alto por 6 minutos aproximadamente.

Retire a panela do fogo e vire o conteúdo sobre uma assadeira forrada com papel-manteiga. Espalhe e aguarde que esfrie.

Enquanto isso, em uma frigideira grande torre o gergelim com uma pitada de sal em fogo alto. Sem parar de mexer, sempre com uma colher de pau, aguarde que torrem e comecem a "pular". Retire então a frigideira do fogo e aguarde uns 5 minutos, ainda mexendo. Coloque todo o gergelim dentro do copo do liquidificador bem seco. Triture, dando uma leve sacudida no liquidificador para que os grãos não grudem na parede do copo.

Coloque o gergelim triturado em uma tigela, junte o açúcar mascavo, os flocos crocantes, o damasco seco bem picadinho e o germe de trigo com a aveia torrados e adocicados. Misture bem de forma que a granola fique bem homogênea.

Espere esfriar e mantenha a granola sempre em vidro bem tampado para que permaneça crocante.

GRANOLA COM FARINHA DE AMENDOIM

- 2 xícaras de amendoins descascados
- 1 xícara de germe de trigo
- 1 xícara de flocos de arroz
- 1/2 xícara de açúcar demerara peneirado
- 1 pitada de sal marinho

Coloque uma xícara por vez dos amendoins no liquidificador bem enxuto e bata até ficar como uma farinha. Toste o germe de trigo em uma panela larga, usando fogo alto e mexendo sem parar, com o auxílio de uma colher de pau. Retire do fogo tão logo o germe de trigo comece a ficar dourado. Mexa já fora do fogo até que esfrie por completo.

Junte então os demais ingredientes e misture até tornar-se homogêneo.

Guarde a granola em um vidro bem seco e bem tampado.

Esta é uma granola muito apreciada por crianças. Reforce os sorvetes e iogurtes!

GRANOLA COM FARINHA DE MILHO

- 1 e 1/2 xícara de nozes
- 1/2 xícara de castanhas de caju
- 1 xícara de farinha de milho
- 2 colheres de sopa de gergelim
- 1/2 xícara de sementes de abóbora descascadas (pode-se também usar com casca)
- 2 colheres de sopa de farinha fina de soja
- 1 pitada de sal marinho
- 1 colher de chá de raspas de limão
- 1/2 xícara de uvas passas escuras, sem sementes
- 2 colheres de sopa de glicose de milho
- 3 colheres de sopa de melado de cana

Bata no liquidificador, bem seco, 1 xícara inteira de nozes. A 1/2 xícara restante corte com o auxílio de uma faca grande e sem serra, sobre uma tábua de cozinha. Em seguida pique, da mesma forma, as castanhas de caju. Coloque tudo em uma panela grande e leve-a ao fogo alto.

Passados 10 minutos, adicione a farinha de milho, o gergelim, a semente de abóbora, a farinha fina de soja, o sal marinho.

Mantenha o fogo alto e mexa sempre para que a granola fique bem homogênea. Assim que começar a dourar adicione as raspas de limão, as uvas passas sem sementes, a glicose de milho e o melado de cana.

Mantenha ao fogo e mexa por 7 minutos aproximadamente.

Vire a granola sobre uma assadeira limpa e seca. Enquanto esfria, vá mexendo a cada 5 minutos para separar os "grumos".

Quando esfriar por completo, separe com as mãos limpas para que fique bem soltinha. Caso a granola ainda esteja um pouco macia, e não crocante, leve-a ao forno médio por 5 minutos aproximadamente e retire do forno mexendo com uma colher de pau, até que esfrie.

Mantenha-a em um vidro bem tampado para permanecer o crocante.

GRANOLA COM FARINHA DE MILHO E AMÊNDOA

- 2 xícaras de farinha de milho do tipo biju
- 1 xícara de amêndoas
- 1/2 xícara de castanhas-do-pará picadas
- 1/2 xícara de aveia em flocos
- 1/2 xícara de uvas passas sem sementes
- 1/2 xícara de frutose em pó
- 1/2 xícara de açúcar mascavo
- 1 colher de café de sementes de cardamomo
- 1 pitada de sal marinho

Bata as amêndoas no liquidificador bem seco, até transformarem-se numa espécie de farinha. Coloque essa farinha de amêndoas em uma panela larga e junte a farinha de milho, as castanhas-do-pará cortadas em pedacinhos, a aveia em flocos e a pitada de sal.

Leve a panela ao fogo alto, mexendo sempre com uma colher de pau, até que a granola comece a ficar levemente dourada. Retire a panela do fogo e espere esfriar completamente, mexendo de vez em quando. Junte a frutose, as uvas passas, o açúcar mascavo e o cardamomo e misture bem.

GRANOLA COM FIGO SECO

- 1 xícara de aveia em flocos grandes
- 1 xícara de aveia em flocos finos
- 1 xícara de germe de trigo
- 1 xícara de coco fresco ralado
- 1 xícara de açúcar mascavo
- 2 colheres de sopa de mel de romã
- 1 xícara de figo seco picadinho

Misture os flocos finos e grossos de aveia, coloque em uma panela larga, junte o germe de trigo e o coco ralado e leve ao fogo alto, mexendo sempre com uma colher de pau, até começar a dourar.

Adicione o açúcar mascavo, o mel de romã e o figo seco, ainda com fogo alto, e mexa de forma que fique bem homogêneo.

Passados 5 minutos desligue o fogo.

Espalhe a granola em uma assadeira grande, limpa e seca. Leve-a ao forno médio por 5 a 10 minutos, no máximo.

Espere a granola esfriar bem, mexendo-a de vez em quando, e guarde em vidro bem vedado.

GRANOLA COM FLOCOS DE ARROZ

- 1 xícara de fibra de trigo
- 1 xícara de farinha de milho
- 1 xícara de aveia em flocos
- 1/2 xícara de açúcar mascavo
- 2 colheres de sopa de sementes de linhaça
- 1/2 xícara de uvas passas claras, sem sementes
- 1/2 xícara de figo desidratado picadinho
- 1 pitada de sal marinho
- 1 xícara de flocos de arroz

Separadamente:

- 1 xícara de castanhas-do-pará picadinhas
- 1 xícara de coco fresco picado em pedacinhos
- 1/2 xícara de glicose de milho
- 1/2 xícara de melado de cana

Coloque a fibra de trigo, a farinha de milho, o sal e a aveia em flocos em uma panela e leve ao fogo alto até que comece a ficar dourado. Mexa sempre com uma colher de pau.

Retire do fogo e, após esfriar bem, adicione o açúcar mascavo, a linhaça, as passas, o figo seco picadinho e os flocos crocantes de arroz.

Separadamente, em outra panela, torre as castanhas-do-pará, juntamente com o coco, mexendo sempre com uma colher de pau. Assim que estiverem dourados adicione a glicose de milho e o melado de cana. Espere que derretam e não pare de mexer. Mantenha o fogo alto.

Quando a glicose e o melado estiverem derretidos e bem grudados aos pedaços de coco e castanhas, apague o fogo, vire em uma assadeira seca e espalhe bem. Aguarde que esfrie completamente para então juntar à granola.

Misture muito bem e guarde a granola em um vidro com boa vedação para que permaneça sempre crocante.

GRANOLA COM FLOCOS DE CHOCOLATE

- 1 xícara de flocos crocantes de chocolate
- 1 xícara de aveia em flocos grossos
- 1/2 xícara de germe de trigo
- 4 colheres de sopa de farelo de trigo
- 5 colheres de sopa de sementes de girassol descascadas
- 1/2 xícara de nozes descascadas e picadas
- 5 colheres de sopa de frutose em pó
- 1 pitada de sal

Corte as sementes de girassol e as nozes descascadas, com uma faca grande e sem serra, em cima de uma tábua de cozinha.

Coloque em uma panela larga o germe e o farelo de trigo, a aveia, as nozes e as sementes de girassol e a pitada de sal.

Mexa com uma colher de pau e mantenha em fogo alto, até começar a dourar.

Adicione a frutose e os flocos de chocolate.

Guarde a granola em um vidro bonito, com boa vedação para permanecer crocante.

GRANOLA COM FRUTA CRISTALIZADA

- 1 xícara de castanhas-do-pará
- 1 pitada de sal marinho
- 1 xícara de aveia em flocos grossos
- 1/2 xícara de germe de trigo
- 3 colheres de sopa de fibra de soja
- 1 xícara de flocos de coco adocicado
- 1 colher de café de levedura de cerveja em pó
- 1 colher de chá de sementes de erva-doce
- 1/2 xícara de frutas cristalizadas
- 1/2 xícara de frutose em pó

Com o auxílio de uma faca grande e sem serra, sobre uma tábua de cozinha bem seca, corte as castanhas-do-pará em pequenos pedaços. Coloque em uma frigideira grande e seca, e torre em fogo alto, com uma pitada de sal marinho, até que estejam douradas por igual. Retire do fogo e continue mexendo a cada 5 minutos até esfriarem por completo. O calor da frigideira, mesmo fora do forno, poderá deixar as castanhas amargas, caso passem do ponto!

Coloque em uma assadeira grande a aveia em flocos, o germe de trigo e a fibra de soja. Leve-a ao forno pré-aquecido e deixe por 10 minutos, lembrando de dar uma mexida de vez em quando. Estará no ponto de retirar quando começar a dourar.

Retire então a assadeira do forno e continue mexendo a cada 5 minutos, até certificar-se de que está frio.

Em uma tigela junte as castanhas torradas, as farinhas tostadas e já frias, os flocos de coco adocicado, a levedura de cerveja, as sementes de erva-doce, a frutose em pó e, por fim, as frutas cristalizadas.

Certifique-se de que a granola esteja totalmente fria, misturando de forma que fique bem homogênea, e mantenha-a guardada em um vidro bem bonito, com boa tampa para que permaneça fresca por mais tempo.

GRANOLA COM GERGELIM

- 1 e 1/2 xícara de germe de trigo
- 1/2 xícara de coco ralado já adocicado
- 4 colheres de sopa de uvas passas escuras e sem sementes
- 1 colher de chá de sementes de linhaça
- 5 colheres de sopa de melado de cana
- 2 pitadas de sal marinho
- 2 xícaras de gergelim sem torrar
- 1/2 xícara de açúcar mascavo ou frutose em pó

Coloque o germe de trigo, o coco ralado, a linhaça e uma pitada de sal em uma panela grande e leve-a ao fogo alto, mexendo com uma colher de pau. Assim que começar a dourar adicione o melado e as passinhas.

Misture bem, com o auxílio da colher de pau, e coloque a granola em uma assadeira seca. Mexa de vez em quando até que esteja fria.

Torre o gergelim em uma frigideira seca e continue mexendo o tempo todo até começar a dourar. Depois de esfriar, bata no liquidificador seco até tornar-se uma farinha. Misture com o açúcar mascavo e uma pitada de sal.

Junte tudo e guarde em um vidro bonito.

GRANOLA COM MAÇÃ SECA

- 1/2 xícara de fibra de trigo
- 1/2 xícara de farinha de soja
- 1/2 xícara de castanhas-do-pará
- 1/2 xícara de castanhas de caju
- 5 colheres de sopa de sementes de girassol descascadas
- 1 pitada de sal marinho
- 1 xícara de flocos crocantes de arroz
- 1/2 xícara de frutose em pó
- 1 colher de sopa de casca de laranja ralada
- 1 xícara de maçã seca picadinha (se for utilizar as maçãs secas crocantes quebre-as com as mãos em pequenos pedaços)

Bata as castanhas-do-pará no liquidificador bem seco. Vire em uma tigela. Bata então, separadamente, as castanhas de caju e vire na mesma tigela.

Em uma panela grande e bem seca coloque a fibra de trigo e a farinha de soja e leve-a ao fogo alto. Mexa sem parar, com uma colher de pau, por 5 minutos, quando as farinhas devem começar a dourar.

Adicione então as castanhas trituradas, o sal e as sementes de girassol e deixe por mais 5 minutos, em fogo alto, sem parar de mexer.

Retire a panela do fogo e vire todo o conteúdo em uma tigela seca.

Assim que tiver esfriado, leve à tigela os flocos crocantes de arroz, a frutose em pó, a casca de laranja ralada e a maçã seca picadinha. Misture bem, de modo a ficar bem homogêneo.

Guarde a granola em um vidro bem tampado para que permaneça saborosa e crocante.

GRANOLA COM NOZES

- 2 xícaras de nozes
- 1 xícara de germe de trigo
- 2 colheres de sopa de farinha de soja
- 1 pitada de sal marinho
- 1 xícara de amêndoas laminadas
- 4 colheres de açúcar mascavo
- 1 xícara de flocos crocantes de arroz
- 10 colheres de sopa de frutose em pó
- 1/3 de xícara de passinhas sem sementes

Bata as nozes no liquidificador seco, até tornar-se uma farinha. Despeje em uma panela juntamente com a farinha de soja, o germe de trigo e o sal e leve-a ao fogo alto, mexendo por uns 10 minutos, até começar a ficar dourado. Retire do fogo e vire em uma tigela. Aguarde esfriar.

Coloque o açúcar mascavo em uma frigideira e leve ao fogo alto. Mexa com uma colher de pau até obter uma calda. Adicione as amêndoas e não pare de mexer até que o açúcar as envolva.

Junte à granola essa amêndoa, a frutose, os flocos e as passas e misture bem. Só guarde quando tiver esfriado completamente.

GRANOLA COM NOZ-MOSCADA

- 1 xícara de castanhas de caju torradas
- 1/2 xícara de noz macadâmia
- 1 e 1/2 xícara de farelo de trigo
- 1/2 xícara de aveia em flocos grossos
- 1 colher de sobremesa de sementes de endro
- 2 pitadas de noz-moscada ralada (use raladores próprios, que são pequenos e bem finos)
- 1 pitada de sal marinho
- 1/2 xícara de mel
- 2 colheres de sopa de melado de cana
- 1/2 xícara de caqui seco picadinho

Coloque as castanhas de caju no liquidificador seco, e bata até tornar-se uma farinha.

Coloque a noz macadâmia sobre uma tábua de cozinha e corte-a com uma faca grande e sem serra, de modo que fiquem quadrados pequenos.

Coloque em uma panela larga a farinha de castanha de caju, a noz macadâmia picada, o farelo de trigo, a aveia em flocos, as sementes de endro, a noz-moscada ralada e a pitada de sal.

Misture bem e leve ao fogo alto, mexendo sempre, com uma colher de pau grande e fina. Assim que começar a dourar, adicione o mel e o melado. Mexa sem parar. Passados 5 minutos, retire do fogo, adicione o caqui seco picadinho.

Vire a mistura em uma assadeira grande, limpa e seca. Espere que esfrie.

Leve a assadeira ao forno pré-aquecido, em temperatura média. Deixe por 5 minutos, e então retire.

Mesmo fora do forno, ainda mexa a granola para dissolver os grumos de forma a ficar mais crocante.

Certifique-se de que esteja completamente fria para então colocá-la em um vidro que feche hermeticamente.

GRANOLA COM TÂMARA SECA

- 1 xícara de nozes
- 1 xícara de castanhas-do-pará
- 3 colheres de sopa de fibra de trigo
- 3 colheres de sopa de farinha de soja
- 1 xícara de tâmaras secas picadas
- 1 xícara de cereal de milho
- 1/2 colher de café de sementes de cardamomo
- 1 pitada de sal marinho
- 1/2 xícara de frutose em pó
- 1/2 xícara de amêndoas em lâminas (na falta compre amêndoas inteiras e corte em pequenos pedaços)
- 2 colheres de sopa de melado de cana

Em uma frigideira grande e seca, coloque as nozes, as castanhas-do-pará e a fibra de trigo. Leve ao fogo alto, sempre mexendo com uma colher de pau para que dourem por igual. Quando as nozes e castanhas começarem a ficar "loiras", retire a frigideira do fogo e aguarde uns 6 minutos, mexendo a cada 2 minutos para que não fiquem amargas. Ao esfriarem bata-as no liquidificador (separe em 3 porções para não forçar o motor).

Vire o conteúdo do liquidificador em uma tigela e misture a farinha de soja, as tâmaras picadas (no tamanho de uvas passas), o sal, o cereal de milho, as sementes de cardamomo e a frutose em pó.

Em uma frigideira pequena, coloque as amêndoas laminadas. Leve ao fogo alto, mexendo sempre com uma colher de pau para que tostem por igual. Assim que começar a dourar, adicione o melado de cana. Mantenha o fogo alto, mexendo sempre. Passados 5 minutos retire a frigideira do fogo e continue mexendo. Quando esfriar, junte a todos os ingredientes, misturando bem.

Espere a granola esfriar e guarde-a em um vidro bem tampado para que permaneça crocante.

GRANOLA DE AMEIXA E AMÊNDOA DE AMEIXA

- 1 xícara de ameixas secas com caroço
- 1/2 xícara de farinha de soja
- 1/2 xícara de farinha de milho em flocos
- 1 xícara de flocos crocantes de arroz
- 1 xícara de açúcar mascavo

Retire o caroço das ameixas secas e pique-as em tamanhos pequenos. Abra os caroços com um abridor de nozes e retire a amêndoa contida dentro de cada caroço. Pique as amêndoas usando uma tábua e uma faca sem serra.

Coloque a farinha de soja, as amêndoas e a farinha de milho em flocos em uma assadeira grande e leve ao forno quente. Passados 5 minutos, mexa com uma colher de pau e deixe por mais 5 minutos, mexendo novamente e finalmente por mais 5 minutos.

Retire a assadeira do forno e transfira as farinhas para outra assadeira fria.

Mexa de vez em quando as farinhas até que esfriem por completo. Acrescente então os demais ingredientes. Misture bem e guarde a granola em pote bem tampado.

GRANOLA DE COCO

- 3 xícaras de coco fresco ralado
- 1/2 xícara de banana passa picada
- 1 xícara de flocos de aveia
- 1 colher de sopa de açúcar mascavo
- 3 colheres de sopa de glicose de milho
- 1 pitada de sal

Coloque os flocos de aveia, o sal e o coco em uma panela grande e leve ao fogo alto, mexendo sempre com uma colher de pau, até começar a dourar.

Adicione o açúcar, a banana passa e a glicose e mexa por 1 minuto ainda em fogo alto.

Coloque a granola em uma assadeira e leve-a ao forno quente por 5 minutos em fogo alto.

Ao retirar a assadeira do forno, mexa de 5 em 5 minutos até que esfrie completamente.

Guarde a granola em um vidro bem tampado para que permaneça crocante.

GRANOLA ESPECIAL COM CEREJA

- 1 xícara de amêndoas
- 1/2 xícara de castanhas-do-pará
- 1/2 xícara de pistaches descascados
- 1/2 xícara de coco fresco ralado
- 1 xícara de aveia em flocos grandes
- 1/2 xícara de farinha de milho
- 1/2 xícara de germe de trigo
- 1 pitada de sal marinho
- 5 colheres de sopa de melado de cana
- 1 xícara de melado de cana misturado com 5 colheres de sopa de mel de uvas
- 1 colher de chá de sementes de erva-doce
- 1/2 xícara de cereja em calda, escorrida e picadinha

Sobre uma tábua de cozinha e com o auxílio de uma faca grande sem serra, pique as amêndoas em tamanhos pequenos, assim como as castanhas-do-pará e os pistaches. Coloque-os, juntamente com o coco ralado, em uma assadeira grande.

Em uma tigela misture os flocos de aveia com os flocos de milho, o germe de trigo e o sal. Espalhe sobre outra assadeira grande.

Leve as duas assadeiras ao forno pré-aquecido e mantenha-o com temperatura média. Mexa-as com uma colher de pau comprida, a cada 5 minutos. Assim que começar a ficar levemente dourado retire-as do forno. Espalhe metade do melado sobre cada assadeira e mexa, ainda com a colher de pau, de forma que fique bem espalhado.

Volte as assadeiras ao forno em temperatura média por mais 7 minutos, e então retire-as do forno. Continue mexendo a cada 5 minutos até que esfriem por completo.

Junte o conteúdo das duas assadeiras em uma tigela e acrescente as sementes de erva-doce e as cerejas picadas. Mexa bem para que não fiquem grumos e guarde a granola em um vidro bem tampado para que permaneça crocante.

GRANOLA FÁCIL COM CHOCOLATE

- 1/2 xícara de castanhas-do-pará
- 1/2 xícara de nozes
- 4 colheres de sopa de açúcar mascavo
- 1 pitadinha de sal marinho
- 4 colheres de sopa de uvas passas claras, sem sementes
- 1 xícara de flocos crocantes de arroz
- 5 colheres de sopa de chocolate amargo ralado

Coloque as castanhas-do-pará e as nozes dentro do copo do liquidificador bem seco e assim que ficarem bem trituradas junte o açúcar mascavo. Pare de vez em quando para dar uma mexida com o auxílio de uma colher de pau fina.

Coloque a mistura do liquidificador dentro de uma panela e leve-a ao fogo alto.

Mexendo sempre com a colher de pau, adicione a pitada de sal. Assim que começar a desprender agradável aroma e, antes que se torne muito dourado, retire a panela do fogo e vire o conteúdo em uma tigela. Quando esfriar por completo junte os demais ingredientes e misture bastante. Guarde a granola em um vidro bem tampado.

GRANOLA FINA

- 1 xícara de aveia em flocos finos
- 1 xícara de castanhas de caju torradas
- 1 xícara de flocos crocantes de milho, sem açúcar (cereal matinal)
- 1/2 colher de sopa de frutose (pó)
- 1/2 xícara de maçã desidratada picada
- 1/2 colher de café de sal
- 1 pitada de noz-moscada

Bata no liquidificador bem seco as castanhas de caju.

Em uma panela torre a aveia em fogo alto, mexendo sempre com uma colher de pau até que comece a ficar levemente dourada. Espere esfriar na panela, mexendo ainda, de vez em quando.

Coloque na panela já fria os demais ingredientes e misture bem até que fique homogêneo.

Mantenha a granola em vidro bem tampado para que permaneça saborosa e crocante.

Use esta granola em sobremesas delicadas ou com frutas em calda.

GRANOLA REFORÇADA

- 1/2 xícara de flocos de milho
- 1/2 xícara de flocos de aveia
- 1/2 xícara de germe de trigo
- 1/2 xícara de farinha de soja
- 1 xícara de coco fresco ralado
- 1 xícara de amendoins descascados e torrados
- 2 colheres de sopa de sementes de girassol descascadas e torradas
- 1 xícara de banana passa bem picadinha
- 4 colheres de sopa de passinhas
- 1 xícara de açúcar mascavo
- 3 colheres de sopa de frutose em pó
- 1/2 colher de café de canela em pó
- 1 pitada de pimenta-da-jamaica (tempero adocicado e não ardido)
- 1 pitadinha de sal

Coloque e espalhe os flocos de milho, a aveia, a farinha de soja e o germe de trigo em assadeiras grandes, separadas.

Coloque o coco ralado em uma outra assadeira. Leve as duas assadeiras ao forno médio por aproximadamente 10 minutos.

Fique atento, pois os flocos de milho ficam torrados bem rapidamente; o coco demora mais um pouquinho.

Corte os amendoins com uma faca grande e sem serra, ou quebre-os com um martelinho de cozinha.

Coloque as farinhas em uma tigela e misture com o auxílio de uma colher de pau até que fique bem homogêneo. Adicione as especiarias e o sal e mexa bem.

Junte os ingredientes restantes e adoce mais, caso ache necessário.

Guarde a granola em um vidro bem bonito, grande, e que tenha uma boa vedação para que permaneça fresca e saborosa. Sirva-a para reforçar lanches, acompanhando frutas frescas, em compotas, ou sobre vitaminas e iogurtes.

GRANOLA SIMPLES PARA FRUTAS FRESCAS

- 1/2 xícara de nozes-pecã
- 1 xícara de castanhas-do-pará
- 1 xícara de flocos de milho tipo biju
- 1/2 xícara de açúcar mascavo (ou mais se achar necessário)

Pique as nozes-pecã com uma faca sem serra, em cima de uma tábua.

Bata as castanhas-do-pará no liquidificador até tornarem-se uma farinha.

Junte, em uma panela larga, os flocos de milho, as nozes picadas e as castanhas trituradas. Leve ao fogo alto por 10 minutos, mexendo sempre com uma colher de pau.

Retire do fogo e, quando estiver frio, adicione o açúcar mascavo. Conserve essa granola em um vidro bem tampado e sirva-a por cima de frutas frescas como mamão, abacate e banana, inteiras ou amassadas.

OBRAS DA MESMA AUTORA:

COZINHA VEGETARIANA — *Saúde e Bom Gosto em Mais de 670 Receitas*

- *Cozinha Vegetariana* — **PIZZAS**
- *Cozinha Vegetariana* — **BOLOS**
- *Cozinha Vegetariana* — **SANDUÍCHES**
- *Cozinha Vegetariana* — **MASSAS**
- *Cozinha Vegetariana* — **ARROZ E RISOTOS**
- *Cozinha Vegetariana* - **SOPAS E *CROÛTONS***
- *Cozinha Vegetariana* — **SUCOS E VITAMINAS**
- *Cozinha Vegetariana* — **SALADAS**
- *Cozinha Vegetariana* — **DOCES**
- *Cozinha Vegetariana* — **TORTAS SALGADAS**
- *Cozinha Vegetariana* — **BANANA**